OLIVIER DE SERRES

Biographie Morale

DISCOURS

Prononcé à la Distribution des Prix du Collège de Privas

PAR

V. FRAITOT

Professeur de Philosophie et d'Histoire

PRIVAS
IMPRIMERIE DU RÉVEIL DE L'ARDÈCHE. — C. BOULON
1876

OLIVIER DE SERRES

DISCOURS

Prononcé à la Distribution des Prix du Collége de Privas

(5 Août 1876.)

Messieurs,

Le jour de la Distribution des prix a toujours compté parmi les plus beaux de la jeunesse ; nulle joie n'est plus légitime que celle dont il emplit les cœurs. Comment, en effet, ne pas tressaillir d'allégresse en entendant sonner l'heure du triomphe de la liberté ? Dix mois de lutte sur ce champ de bataille parfois aride que l'on nomme la science, donnent aux vainqueurs le droit d'être fiers, sans que, pour cela, les vaincus soient obligés de baisser le front.

Dans nos combats pacifiques comme à la guerre, il est, vous le savez, Messieurs, des défaites qui honorent. Tous ici, nous nous plaisons à le constater, tous vous avez gardé votre poste et fait votre devoir, tous, par conséquent, vous avez mérité ce repos de deux mois que, dans l'ardeur de vos jeunes âmes, vous saluez déjà de ce beau nom de liberté. La fête que nous célébrons, vous le voyez, ne manque pas de grandeur : toute la société s'intéresse à vous qui apprenez ici à devenir des hommes, à vous les élèves de cette Université toujours si française, aujourd'hui comme au temps où elle portait le titre glorieux de Fille aînée des rois de France.

Si notre Distribution, jeunes élèves, est une fête pour la société, c'est aussi et plus particulièrement une fête pour vos familles qui partagent en ce moment avec vous tant d'émotions diverses. Permettez-moi donc de m'attacher à ce caractère plus restreint, plus local de notre solennité, et puisque c'est à moi qu'incombe ce grand honneur de porter la parole dans cette circonstance, puisqu'en même temps c'est à la famille ardéchoise que je dois me faire entendre, trouvez bon que je ne franchisse pas, pour cette fois, les limites de votre département.

Les fastes du Vivarais renferment bien des pages glorieuses et plus d'un nom immortel, et la première difficulté que j'ai rencontrée dans ce travail, a été, je l'avoue, de choisir entre tant de nobles sujets. Cependant une figure m'a attiré par je ne sais quel charme irrésistible. Il y avait dans ses traits tant de sereine bonté, son front était empreint de si généreuses inspirations, tout le maintien montrait tant de modestie et de grandeur que quiconque aurait été entraîné comme moi et comme moi séduit. Je voulus connaître plus intimément cet homme de bien : la renommée m'avait peut-être déjà dit son nom, mais sans rien m'apprendre de bien précis sur ce qu'il avait fait en cette vie. La nuit des temps le couvrait de ses ténèbres à travers lesquelles, comme une humble étoile, son nom seul avait de la peine à briller. Je n'ai pas l'ambitieux espoir de réparer à moi seul cette grande injustice ; je suis heureux pourtant de pouvoir le premier dans cet établissement, à quelques pas de sa patrie, payer une part du tribut d'éloges que la France entière doit à votre compatriote, Olivier de Serres.

« J'ai chanté toute ma vie Olivier de Serres, disait un de ses illustres comtemporains, Bernard Palissy, et je le chanterai jusqu'à ma mort. » Cette louange, dans la bouche d'un homme si digne de comprendre et d'apprécier Olivier de Serres, n'a rien d'exagéré, et point n'est besoin d'un long commerce avec l'auteur du *Théâtre d'agriculture* pour découvrir toutes les qualités exquises qui le recommandent à notre admiration, et qui en firent l'ami et l'égal de l'Hôpital, de Palissy, de Sully et d'Henri IV. On éprouve à la vue de tant de vertus le même embarras qu'il éprouvait lui-même en contemplant les fleurs : « Il est plus facile à la nature de tapisser la terre par la variété de ses fleurs, qu'à nous de les mettre en évidence par un discours humain. » La nature belle et féconde, tel fut l'objet constant de sa sollicitude, son occupation de tous les instants. Joignant à une raison qui ne relevait que d'elle-même et de Dieu, la sensibilité la plus délicate, il a fait un livre qui n'est pas seulement un recueil de préceptes sur l'agriculture, mais un hymne enthousiaste à la nature, un solennel hommage à la Divinité. L'agriculture n'est plus seulement l'art de cultiver la terre, c'est « l'occupation la plus sainte et la plus naturelle, un exercice auquel nulles personnes que pures ne devraient être employées. » On a appelé Olivier de Serres *le gentilhomme laboureur* : tout en souscri vant à ce titre, il faut avouer qu'il est insuffisant, car il laisse dans l'ombre ce qu'il y avait de plus grand et de meilleur en lui, j'entends son âme aimante et passionnée pour le bien. C'est cet Olivier de Serres, le moins connu de tous, que je voudrais mettre en lumière en vous montrant l'homme dans celui que la postérité a honoré du nom de Père de l'Agriculture française.

Olivier de Serres vivait au seizième siècle. Né au sein de la religion réformée, il ne tarda pas à ressentir les cruels effets des discordes que les passions religieuses allumèrent en France à cette époque. Calme de tempérament et exempt de tout fanatisme, il se déroba aux maux de son pays en s'expatriant.

Il profita du temps de son exil pour s'instruire sur ce qui se faisait au dehors. C'est ainsi qu'il visitait la Suisse et l'Allemagne, recueillant tous les renseignements, se faisant initier à toutes les méthodes agricoles, s'appropriant tout ce qui était à sa convenance. Au milieu de ces soucis, il attendait des jours meilleurs.

Quand les événements lui permirent de revenir, non sans de grandes précautions, dans son pays natal, il apportait avec lui une ample provision de connaissances en agriculture. C'était avant la date à jamais douloureuse de 1572. Tout porte à croire qu'à partir de ce moment, il ne fut plus obligé de quitter la France. Il est assez difficile de connaître d'une manière précise jusqu'à quel point il fut à l'abri des calamités de la guerre. Gardons-nous de le rechercher : il est des choses qu'on ne saurait trop laisser ensevelies dans l'oubli. Tout ce que nous savons, c'est que la droiture de sa vie imposa plus d'une fois le respect aux bandes forcenées qui couraient la campagne autour du Pradel, et que généralement amis et ennemis n'osaient troubler dans son séjour cet autre Caton.

« Ma maison, dit-il quelque part, fut plutôt logis de paix que de guerre. » Ce ne fut en effet qu'un logis de paix : toute la vie d'Olivier de Serres en rend témoignage. Elle devait être regardée, cette maison, comme le sanctuaire, le dernier refuge de l'honnêteté si outrageusement violée, si criminellement méconnue par d'affreux sectaires, et nous devons sincèrement regretter que Louis XIII, pendant son séjour dans le Vivarais, ne se soit pas rappelé, en laissant détruire le Pradel, qu'Alexandre-le-Grand, au sac de Thèbes, avait fait épargner la seule maison de Pindare.

Voilà donc Olivier de Serres entièrement livré aux soins de la terre. Nouveau Triptolème, il donne lui aussi l'hospitalité à Cérès, chassée de toute la contrée par une soldatesque furieuse, et, comme Triptolème, il reçoit de la déesse l'art de l'agriculture. Enfin, pour compléter la ressemblance, cet art il va l'enseigner à son pays. Quel parti peut-il tirer de ce petit coin de terre où la guerre l'emprisonne ? Son hésitation, s'il en eut, ne dura pas longtemps. Il sait que de la montagne comme de la vallée on *retire plusieurs commodités*. Plaçant sa confiance en lui-même plutôt que dans la fertilité du sol, il se met à l'œuvre et, à force d'intelligence et d'opiniâtreté, il fait du Pradel une oasis charmante qui contrastait singulièrement avec la dévastation des campagnes voisines. Les eaux avaient été amenées par des canaux qui entouraient le domaine, des arbres de toute sorte avaient été plantés et donnaient leur ombre avec leurs fruits, enfin les plantes les plus variées et les plus exotiques croissaient au gré de notre savant *mesnager*. Il dut éprouver une satisfaction bien douce en voyant ainsi le succès passer ses espérances, et si son intention n'était point, il le dit lui-même, d'imaginer des Champs-Elysées ou des Iles fortunées, il dut au moins connaître parfois quelque chose des jouissances que les anciens plaçaient dans ces lieux enchantés. Il ne refusait aucune besogne : quittant la bêche pour la chaîne d'arpenteur, il arpentait lui-même comme il le raconte naïvement, « pour ne se point laisser tromper par les commis des impositions quand ils ramassent les deniers, cause principale de l'invention de l'arpentage. » Il gémissait en voyant les *déserts et misérables lieux*, laissés en friche pendant plusieurs siècles, et qui étaient nombreux dans le royaume à *la honte de leurs possesseurs*. D'ailleurs il ne reconnaît à personne le droit à l'oisiveté, *les rois n'étant pas même exempts de s'employer en personne dans leurs affaires.*

Cette ferme volonté de tout voir, de tout diriger, les procédés qu'il avait rapportés de l'étranger et qu'il avait essayés sur ses terres lui avaient acquis une grande expérience dans les choses de l'agriculture. Les loisirs qu'il trouvait dans sa solitude forcée et le désir d'être utile à ses semblables lui inspirèrent la résolution d'écrire ce qu'il avait appris.

Avec une modestie charmante, il prend la plume, non pas pour faire un ouvrage d'où il puisse tirer vanité, mais pour *montrer le chemin et rompre la glace aux autres*. Il dit très simplement comment il a fait, ou, s'il donne un procédé qu'il n'a point essayé, il l'avoue humblement, racontant comment ont fait les autres. Il se garde bien de faire des théories en l'air ; il ne vise que la pratique : « Discourir du ménage des champs par les livres seulement, dit-il, c'est bâtir en l'air et se morfondre par de vaines et inutiles imaginations. » Il écarte scrupuleusement les hypothèses, persuadé que dans un livre destiné aux travailleurs des champs, rien ne doit être laissé au hasard de ce qu'on peut lui enlever par conseil et par prévoyance.

Il donne les leçons de son expérience, mais son expérience est complète. On chercherait en vain dans son livre un oubli : son plan était si rationnel et sa méthode si sûre qu'il était assuré de ne rien omettre. On reste confondu devant cette prodigieuse quantité de préceptes et de règles : nature des terrains, différentes sortes de culture, soins à donner aux propriétés, au bétail, occupations de la maison, travail des domestiques et autres gens de service, tout s'y trouve dans un ordre parfait. « Le jugement en soit aux doctes ménagers, le profit à tous ceux qui désirent honnêtement vivre des fruits de leurs terres, et l'hommage entier à Dieu. »

Ami du progrès, dévoué au bien-être de son pays, large dans ses vues, il a doté la France de deux nouvelles branches d'agriculture. Tandis que les terres en friche reculent devant l'invasion bienfaisante des prairies artificielles, la France, grâce aux généreux efforts d'Olivier de Serres, donne asile au ver à soie, et cette industrie allait devenir une des sources les plus abondantes de notre richesse nationale.

Le ministre Sully avait dû faire fléchir sa résistance devant la royale volonté de Henri IV qui avait confié à Olivier de Serres la haute mission d'acclimater le mûrier dans les jardins de ses palais. La cause du ver à soie était gagnée en France et Olivier, revenu à ses études, pouvait s'écrier, dans un élan d'admiration à la vue des transformations merveilleuses de son petit protégé : « Miracle de nature ! Un ver s'enferme dans un peloton de soie ; là il se transforme en papillon ; au bout de dix jours, trouant le cocon, il sort comme d'une prison et revient à la vue des hommes pour terminer sa vie par sa chère semence. » Le département de l'Ardèche a rendu à Olivier de Serres un éloquent hommage en se plaçant au premier rang pour la récolte de la soie. L'épreuve terrible que traverse aujourd'hui cette industrie aura certainement une fin, et dans cette branche comme dans la viticulture, si cruellement atteinte aussi, l'Ardèche retrouvera les beaux jours d'autrefois : nourrissons du moins, Messieurs, cette patriotique espérance!

Le succès d'Olivier de Serres avait été grand et le *Théâtre d'Agriculture* se tira en peu de temps à un nombre considérable d'éditions. Pendant un siècle et demi, après la mort de l'auteur et sous le règne du grand roi, cette popularité tomba ; mais sa mémoire fut religieusement gardée dans le cœur de quelques hommes au nombre desquels nous trouvons Haller, Parmentier, le baron de Secondat et l'abbé Rozier.

Cet attachement de grands esprits pour Olivier de Serres n'a rien que de très-naturel. Olivier de Serres n'était pas seulement un grand maître d'agriculture, il y avait aussi en lui un savant et un écrivain. L'antiquité latine lui était familière : Caton, Columelle, Palladius, Virgile, Pline et Varron sont des noms qui reviennent fréquemment sous sa plume. Il promène son lecteur à travers le continent, et nous voyageons des Pays-Bas en Espagne, d'Espagne en Allemagne, en Italie, en Grèce sans jamais nous ennuyer avec un pareil cicerone.

Mais ce qui charme avant tout dans Olivier de Serres, c'est le style. On trouve rarement tant d'art mêlé à tant de naturel, tant de délicatesse, d'élégance, de précision, tant de justesse dans l'expression et dans l'idée. Ce n'est pas Boileau qui a dit le premier dans notre langue : *Hâtez-vous lentement,* et ce serait un éloge de plus pour Boileau, si nous pouvions en induire qu'il lisait le *Théâtre d'agriculture.*

Olivier de Serres s'élève jusqu'à la magnificence quand, par exemple, sous l'inspiration de la Bible, il nous raconte que Dieu a *imposé à l'homme de cultiver la terre en la sueur de son visage.* Artiste de premier ordre, il mêle toutes les nuances et marie tous les tons, sans que la limpidité de sa diction en souffre le moins du monde. Fabuliste à ses heures, on trouverait dans son livre plus d'un passage qui a dû inspirer La Fontaine : avant le bonhomme il avait raconté les aventures de la Cigale et de la Fourmi ou la touchante histoire du Laboureur et de ses Enfants. Mais il excelle surtout dans la description : il a des expressions d'une saisissante réalité. Les loups sont des *bêtes voraces obscurément mantelées;* le paon, ce fidèle gardien qui, comme les oies du Capitole, l'avertissait de l'approche de l'ennemi pendant les guerres civiles, le paon devient pour lui un animal *aux ailes d'or et à la voix du diable*. Lorsqu'il trouvait un contraste frappant, il ne craignait pas de nous en faire part dans une superbe antithèse. Ainsi il s'écrie en songeant au ver à soie : « Ce vermisseau, l'une des plus viles bêtes du monde, semble destiné pour vêtir les rois et les princes. » A toute ces qualités, Olivier de Serres en ajoutait une autre non moins précieuse, la grâce, une grâce fine, exquise, toujours de bon aloi. « *Mes chantres et mes luths sont mignards oiselets,* » dit-il, montrant ainsi avec quelle délicatesse il savait jouir des charmes de la nature. Quelquefois son âme sympathique se communique aux choses inanimées et c'est avec tristesse qu'il nous montrera les *cyprès mourant sans héritiers*, après une vie longue et mélancolique.

D'autres fois il a des accents passionnés, sa voix vibre d'un frisson ému, il s'enivre dans la contemplation de la nature, il est ravi des merveilles qu'elle nous offre, comme *l'ente des arbres qui fait l'homme le plus approchant du miracle;* comme les fruitiers qui « depuis leur première jeunesse jusqu'à leur dernière vieillesse, en tous temps et toutes saisons, vêtus et dépouillés de feuilles, donnent matière de contentement par leur ombrage salutaire, un rempart assuré contre les vents d'hiver, une joyeuse retraite aux oiseaux pendant l'été ; par les rameaux qu'ils poussent à la primevère (1), comme s'ils reprenaient une nouvelle vie, sortant du profond sommeil de l'hiver; par les

---

(1) Printemps.

fleurs dont ils se parent, avant-courrières de leurs richesses, etc. »

Ma tâche est forcément limitée, jeunes élèves, et je ne voudrais pas lasser votre louable patience. Aussi me voyez-vous effleurer rapidement tant de matières qui fourniraient le moyen de vous donner d'Olivier de Serres non pas une esquisse, mais un portrait. Je vous ai montré jusqu'à présent le gentilhomme laboureur, l'écrivain ; je ne vous ai rien dit encore du philosophe. Philosophe. Messieurs, Olivier de Serres l'était dans le sens le plus large du mot ; car la vraie philosophie est moins dans les systèmes inaccessibles ou les spéculations à perte de vue de quelque rêveur que dans l'art de savoir conduire sa vie. N'est point philosophe quiconque a un extérieur négligé et crasseux :

> Si porter grand barbe au menton
> Nous fait philosophe paraître,
> Un bouc barbassé pourrait être
> Par ce moyen quelque Platon. *(Théâtre d'Agr.)*

La philosophie d'Olivier de Serres est celle que Socrate, d'après Cicéron, a fait descendre du Ciel et qu'il a introduite dans nos demeures, dans le cœur de chacun de nous. Vous diriez d'un disciple de Bacon et de Descartes, alors qu'il était leur aîné, pour ne pas dire leur prédécesseur. « J'ai trouvé un singulier contentement, écrit-il, après la doctrine salutaire de mon âme, dans la lecture des livres d'agriculture. » Toute sa doctrine est là : mais quelle doctrine ! Quel noble usage il fait de cette raison que Dieu lui a donnée, sans jamais en outrepasser les limites, en l'appliquant à tirer le meilleur parti possible des richesses laissées à la jouissance de l'homme ! Comment pouvait-il en être autrement ? Le séjour qu'il habitait suffirait seul à nous faire comprendre la suave majesté de son âme. Pendant que, par tout le Vivarais, se déchaînent les horreurs d'une guerre fratricide, faisons, si vous le voulez, une courte visite à Olivier de Serres : la vue de ce sage nous révélera sa philosophie.

Non loin de la ville royale de Villeneuve-de-Berg, à l'extrémité de l'une de ces chaînes nombreuses qui se détachent du Coiron, et dans la jolie vallée de la Claduègne, se dresse le château du Pradel. Indifférent en apparence aux événements qui se passent autour de lui, le maître, un *livre au poing*, est là, dans son jardin, au milieu de ces fleurs *dont les vertus ravissent l'entendement humain*.

Il nous a peint lui-même, en des termes d'une simplicité qui captive, cette solitude où « hors du bruit, il jouissait en repos des aises dont elle abonde : la sérénité du ciel, la salubrité de l'air, le plaisant aspect de la contrée, montagnes, plaines, vallons, coteaux, bois, vignobles, prairies, rivières, fontaines, beaux promenoirs et jardins ; d'un autre côté, la contemplation des belles tapisseries des fleurs, les beaux ombrages des arbres, la joyeuse musique des oiseaux. » Après avoir, d'un œil vigilant, consulté les besoins de toutes ses chères plantes, il lit une page dans le livre qu'il tient à la main, puis s'asseyant à l'ombre d'un mûrier, il se plonge dans ses réflexions. Cependant vers les hauteurs fortifiées de Mirabel et de St-Laurent-sous-Coiron se font entendre de vives mousquetades, tandis que Lavilledieu et Vogüé envoyent aux échos des montagnes le rauque mugissement des bombardes : puis ce sont des cris, des imprécations, avec des intervalles de silence. Olivier est profondément triste : tout, autour de lui, l'invite à la joie, au bonheur, et là-bas, derrière ces bois sombres, de malheureux égarés, des frères faits pour s'aimer et se venir en aide s'entr'égorgent sans merci. De temps en temps il lève un regard vers le ciel comme pour lui demander une trêve, une fin à tant d'atrocités. Lui, si heureux au milieu de ses arbres verts, de ses fleurs éclatantes, de ses *eaux belles et claires qui coulent autour de sa maison et semblent lui tenir compagnie*, il souffre de voir ses semblables négliger tant de félicité pour donner libre carrière à des instincts sauvages, à des passions criminelles. A la longue, le bruit sacrilége des armes s'est éteint. Olivier se lève, gagne une table rustique sous un berceau de feuillage et écrit quelques unes de ces pages qu'il a destinées à notre enseignement. Cette solitude convenait le mieux à son travail. Avec ses livres, il savait n'être jamais moins seul que quand il était seul, comme il l'a dit lui-même de Scipion l'Africain. Il connaît tous les inconvénients que l'on rencontre « ès-villes, où les hommes sont souvent forcés de faire bonne mine à ceux dont ils ne sont guère aimés ; dans ces superbes cités qui servent de spectacle à nos calamités et misères. »

Son livre, c'est de la science et de l'art tout à la fois, puisque la science, suivant sa belle définition « est la règle et le compas de bien faire ; » l'art « un recueil de l'expérience, et l'expérience le jugement et l'usage de la raison. » Il proscrit l'ignorance dont la nature est contraire à la vertu ; il veut qu'on lise au livre de la nature, *puisqu'elle parle si naïvement et par des effets si manifestes que la raison s'y fait voir à l'œil et toucher à la main.* Cette considération l'amène à flétrir *les charlataneries inventées pour trancher du merveilleux,* les superstitions auxquelles étaient si sujes ces *pauvres païens ;* enfin il se moque de ceux qui abhorrent sans distinction toutes sortes d'améliorations. Né pour être actif, il n'aime pas les paresseux, les oisifs, sachant bien que « l'on ne remplit pas son nid ayant les bras croisés. » Il connaît la valeur de la journée, le prix des heures qui s'écoulent : « La matinée avance la journée ; le lever du matin enrichit ; se lever tard appauvrit. » Son cœur était une source inépuisable de bonté et d'affection,

Car Dieu accroît et bénit la maison
Qui a pitié du pauvre misérable. *(Théâtre d'Agr.)*

Il faut lire et relire le chapitre qu'il a consacré aux domestiques et aux esclaves de l'antiquité. Il a horreur des traitements inhumains et proclame hautement que la *véritable obéissance procède de l'amitié.* Il n'est pas jusqu'aux animaux qui n'aient leur petite place dans son cœur. Mais ce qu'il recommande par-dessus tout, c'est l'amitié entre les hommes, *l'amitié et concorde ordonnée de Dieu.* Il avait senti le plaisir qu'on éprouve *dans les lieux qualifiés, dont s'approche le bon voisin, qui en fait l'ornement à cause des avantages infinis que l'on tire de sa douce et vertueuse conversation.* Je ne sais si je me fais illusion, Messieurs, mais les philosophes les plus vantés de l'antiquité n'ont pas mieux dit, et certaines pages du *Théâtre d'Agriculture* sembleraient extraites du livre immortel de Xénophon sur Socrate, si Olivier de Serres avait connu la langue grecque. Que vous dirai-je de son esprit de tolérance en matière de religion ; de cette charité vraiment chrétienne qui lui faisait nommer avec effusion ces *bons pères* de l'Eglise les saint Augustin, saint Jérôme, saint Bazile, et ouvrir sa porte à tout venant, quelle que fut sa croyance ; de la pureté de son âme, qu'il élevait au ciel où il admirait *l'ouvrage du souverain*, en trouvant aussi que sur terre il y a grande matière de remercier Dieu du soin qu'il a des hommes ?

Son patriotisme était à la hauteur de ses autres sentiments humains et religieux.

Il aime à citer le *Vivarais, sa patrie*, et jamais vous ne le verrez parler avec amertume des *calamités de la guerre dont il a senti sa bonne part*. La France lui est également chère ; il rend hommage à son goût et trouve tout naturel qu'on la copie, *puisqu'elle emporte le prix sur toutes les autres nations*. D'ailleurs quel plus beau monument de son amour pouvait-il lui élever que son *Théâtre d'Agriculture* ?

Tel fut Olivier de Serres, l'homme le plus digne de la reconnaissance de la postérité. Et vous, jeunes élèves, n'oubliez pas qu'il fut un de vos aïeux; gardez religieusement sa mémoire, honorez-la; employez-vous à rendre à ce grand nom la place et l'éclat qu'il n'aurait jamais dû perdre. Pour cela lisez ses ouvrages, familiarisez-vous avec celui qui fut le bon génie de notre agriculture. Tout le monde a besoin de posséder quelques notions sur l'art de cultiver la terre. Aujourd'hui que les hommes, sur tous les points du globe, s'habituent à regarder la guerre comme un fléau, quand le monde entier à soif de la paix, apprenez à connaitre ceux qui ont su le mieux nous en révéler les avantages. Soyez toujours pénétrés, pour Olivier de Serres, de cette reconnaissance qu'éprouvait en 1789 l'anglais Arthur Young à la vue du Pradel : « Je contemplai la résidence du père de l'agriculture française avec cette espèce de vénération qui ne peut être sentie que par ceux qui se sont livrés à quelque recherche favorite .. Qu'il me soit permis d'honorer sa mémoire deux cents ans après sa mort ! C'était un excellent cultivateur et un vrai patriote ! »

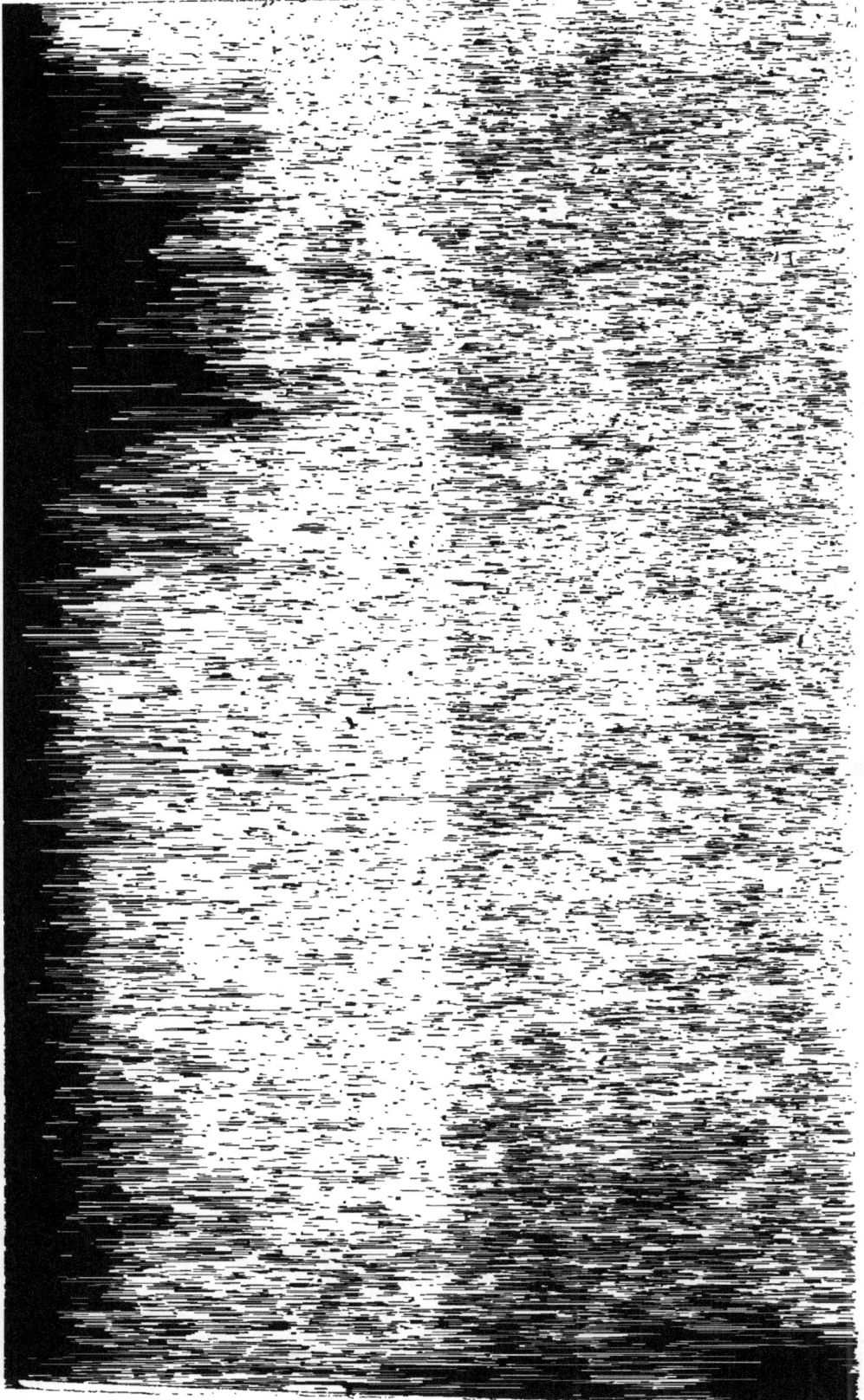

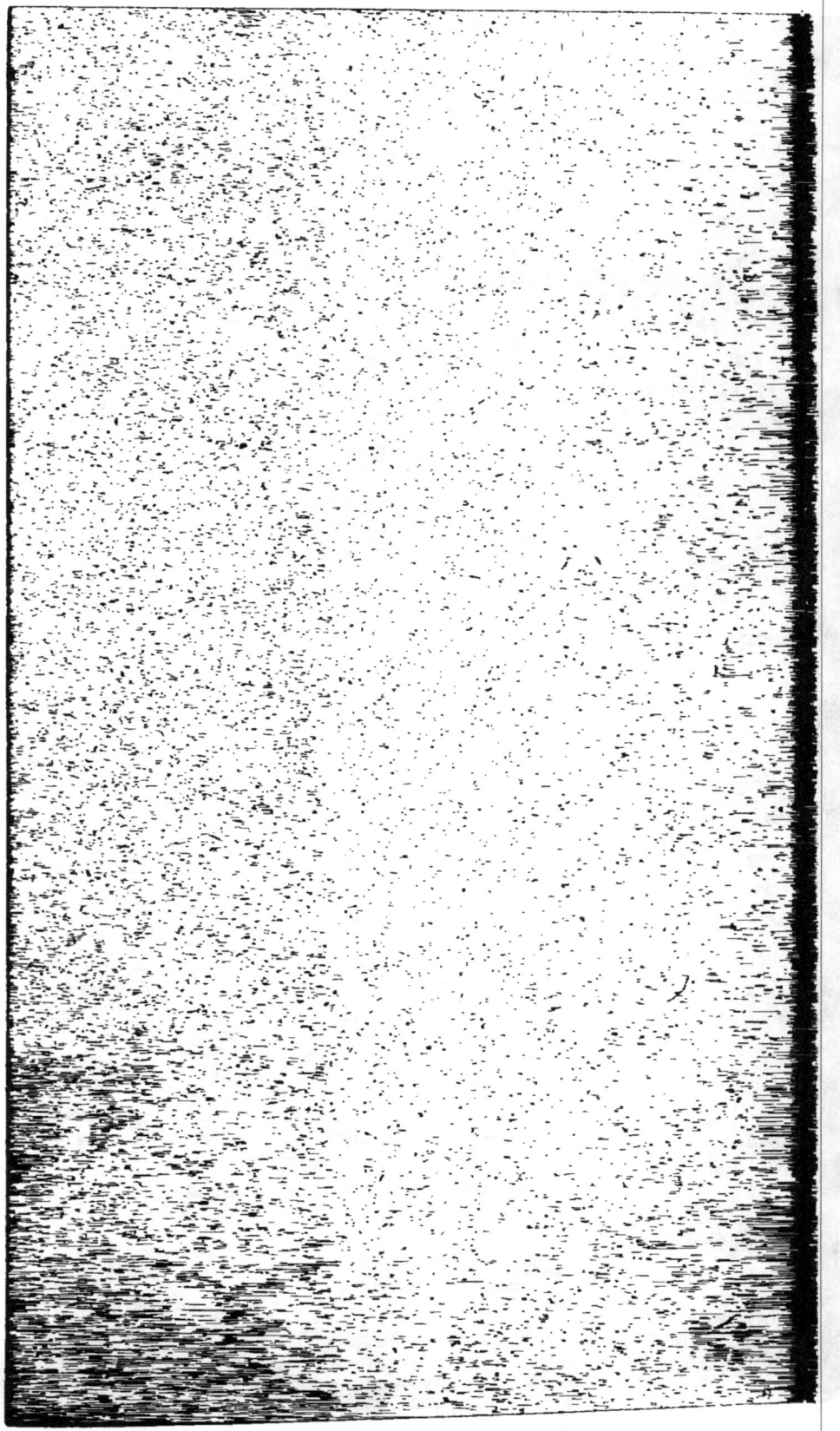

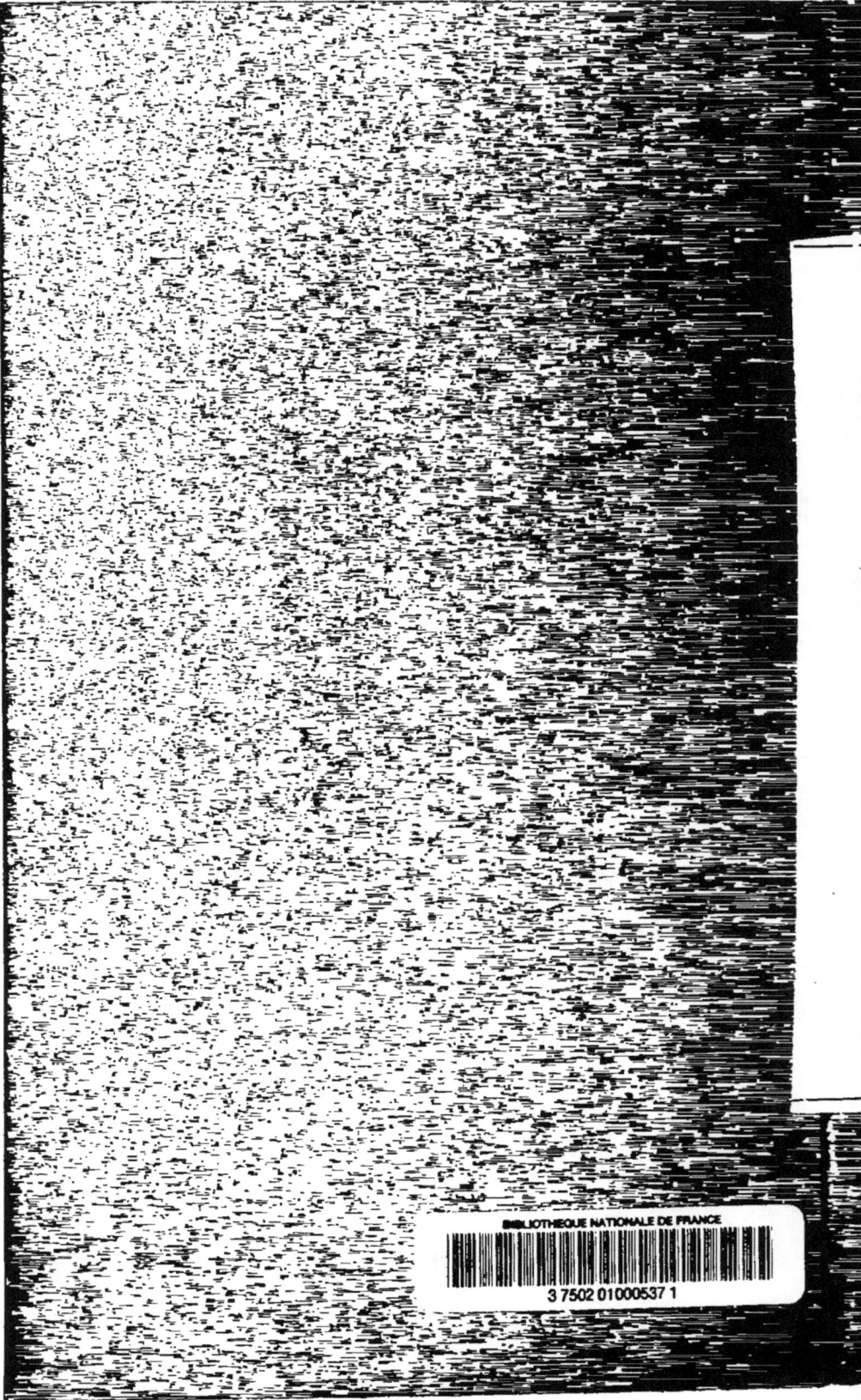

www.ingramcontent.com/pod-product-compliance
Lightning Source LLC
Chambersburg PA
CBHW060634050426
42451CB00012B/2588